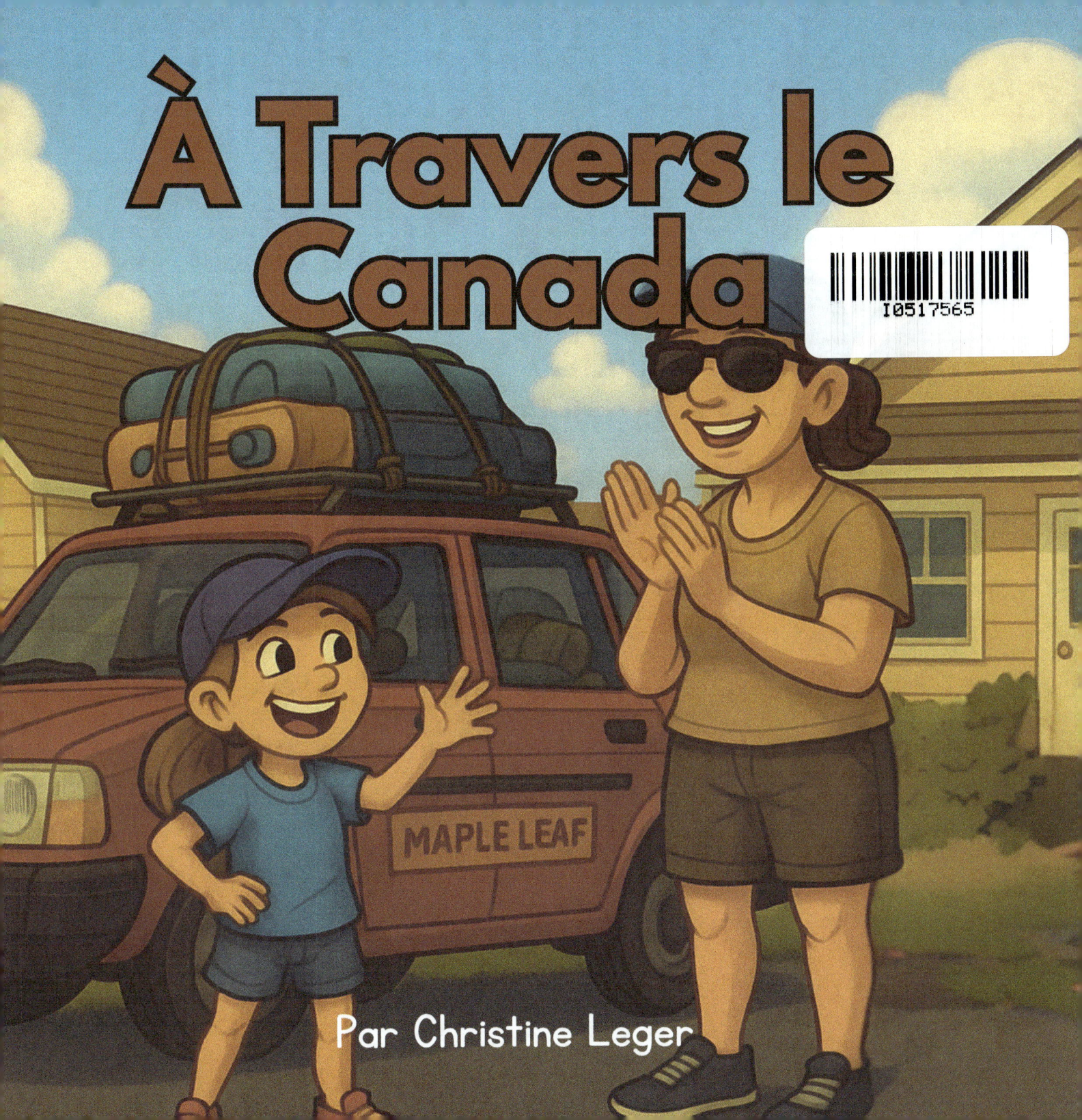

À Travers le Canada

MAPLE LEAF

Par Christine Leger

Olivia, une tornade d'énergie de dix ans, sautillait sur ses talons, les yeux brillants plus fort que le soleil d'été.

« Mémère, Mémère ! On va vraiment le faire ? À travers le Canada ? Sérieusement ? » Mémère Linda, les cheveux tirés en un chignon soigné et une étincelle espiègle dans les yeux, rit doucement.

« Sérieusement, ma chérie. De la Nouvelle-Écosse à la Colombie-Britannique et retour ! Une aventure d'un océan à l'autre ! »

Olivia en rêvait depuis des années.

Elle avait étudié les cartes, tracé les routes du bout des doigts, imaginant des montagnes imposantes et des prairies sans fin. Et Mémère Linda, une femme au caractère aussi vaste que les paysages canadiens eux-mêmes, avait accepté de faire de ce rêve une réalité.

Elles allaient visiter chaque province, vivre mille expériences, et Olivia n'en pouvait plus d'excitation.

« Opération Feuille d'Érable est lancée ! » annonça Mémère Linda en joignant les mains. La « Feuille d'Érable », comme elles appelaient affectueusement leur fidèle Volvo, un peu âgée, était chargée à ras bord. L'essentiel : une glacière remplie de collations (la préférée d'Olivia : les barres Nanaimo), une trousse de premiers soins, et un kit d'urgence bien garni.

Olivia sauta à l'arrière de la voiture, entourée d'oreillers de voyage et de ses peluches préférées.

« On est bientôt arrivées ? » demanda-t-elle en souriant, imitant la plainte classique des longs trajets.

Mémère Linda éclata de rire.

« Pas encore, ma chérie. Mais l'aventure commence maintenant ! »

Leur voyage commença en Nouvelle-Écosse. Leur première l'arrêt était à Peggy's Cove, le phare emblématique dressé face aux vagues déchaînées. Olivia ramassa un galet lisse et gris sur la plage, le proclamant son « souvenir de Nouvelle-Écosse ».

Ensuite, elles parcoururent la spectaculaire route Cabot, sur l'île du Cap-Breton.

La route sinueuse, accrochée aux falaises surplombant l'océan, coupa le souffle à Olivia.

« Waouh, Mémère, » murmura-t-elle, « c'est comme si l'océan ne finissait jamais ! »

En arrivant au Nouveau-Brunswick, l'anticipation d'Olivia grandissait. Leur objectif : observer les baleines !

Après une promenade en bateau animée, Olivia poussa un cri de joie lorsqu'une immense baleine à bosse surgit hors de l'eau, sa gigantesque queue projetant une gerbe d'eau dans les airs. C'était un moment qu'elle savait qu'elle n'oublierait jamais.

Olivia et Grand-mère ont exploré les majestueux rochers de Hopewell, riant en marchant le long du fond marin, s'émerveillant de la puissance des marées.

Leur prochaine étape est l'Île-du-Prince-Édouard, accessible par le pont de la Confédération. Olivia était fascinée par son impressionnante longueur. Elles passèrent deux jours à explorer l'île, visitant le musée d'Anne… la maison aux pignons verts et profiter des fruits de mer frais au bord de l'océan.

À Québec, elles explorèrent le célèbre Château Frontenac, émerveillées par sa grandeur.

« On dirait un château de conte de fées ! » s'exclama Olivia.

Elles ont mangé de la poutine (une nécessité, selon Mémère), et Olivia s'est même surprise à aimer la savoureuse tourtière, une tourte à la viande traditionnelle.

En arrivant en Ontario,
le paysage changea. Elles visitèrent Ottawa et
Toronto, où elles explorèrent des musées et en
apprirent davantage sur l'histoire du Canada.

Les chutes du Niagara un spectacle rugissant de la puissance de la nature.

Elles ont pris une excursion en bateau jusqu'au pied des chutes. Olivia poussa un cri de rire en recevant les embruns d'eau.

Sur la route de Thunder Bay, elles s'arrêtèrent pour admirer le Monument Terry Fox. Olivia etait profondément touchée par le courage de Terry.

Les prairies du Manitoba et de la Saskatchewan s'étendaient devant elles, tel un océan de champs de blé dorés sous un ciel bleu infini. Elles se sont arrêtés à des attractions en bord de route, découvrant l'histoire de la région.

Olivia était fascinée par les histoires des peuples autochtones et des premiers colons. Ce jour-là, elle et sa grand-mère sont était invitées à assister à un pow-wow métis, une célébration vibrante de musique, de danse et de traditions partagées.

L'air résonnait au rythme d'un grand tambour. Boum, boum, boum.

« Écoute, Olivia, » murmura-t-elle. « Le tambour est le cœur de la terre. »

Olivia observait les danseurs tournoyer en cercle, leurs rubans colorés et perles scintillant au soleil. Chaque danse racontait une histoire : la danse du châle fantaisie, semblable à des papillons virevoltant dans le vent, et la danse de la robe à clochettes, dont les cônes métalliques tintaient comme la pluie.

L'Alberta offrait des paysages contrastés. D'abord, elles se retrouvèrent entourées de fossiles de dinosaures. Olivia se sentit comme une véritable paléontologue.

Puis vinrent Calgary et son célèbre Stampede !

La ville vibrait au rythme des cow-boys, des cow-girls et de la fièvre du rodéo ! Olivia ouvrit de grands yeux, fascinée.

Elles assistèrent aux épreuves de rodéo, dégustèrent des mini-beignets, et apprirent même à manier le lasso (Olivia n'était pas très bonne, mais elle s'amusa beaucoup !). Mémère acheta même une paire de bottes de cow-boy !

Ce soir-là, elles s'assirent autour d'un feu de camp, écoutant de la musique country sous le ciel étoilé de l'Alberta.

Apres c'est etait le tour du parc national Banff, où les montagnes Rocheuses touchaient le ciel, leurs sommets enneigés se reflétant dans les lacs turquoise. Ils parcoururent les sentiers, respirant l'air pur des montagnes. Olivia ressentit un émerveillement indescriptible.

La Colombie-Britannique, leur destination initiale, était tout ce dont Olivia avait rêvé, et bien plus encore. Les montagnes imposantes, les forêts luxuriantes, la ville vibrante de Vancouver – c'était un festin pour les sens. Elles étaient si heureuses d'être arrivées.

« On l'a fait, Olivia ! » dit Mémère, la voix étranglée par l'émotion.

Elles avaient atteint l'extrémité ouest du pays. Un sentiment d'accomplissement les submergea toutes les deux.

Le retour vers l'est etait rempli de nouvelles aventures, de découvertes supplémentaires, et de bien plus de souvenirs. La collection de pierres d'Olivia grandit, tout comme sa collection de cartes postales, de porte-clés et de babioles insolites. La Feuille d'Érable gémissait sous le poids de leurs trésors.

En chemin, Mémère a partagé ses propres voyages, se remémorant les aventures de sa jeunesse. Olivia, captivée, écoutait, réalisant que sa grand-mère était bien plus que Mémère : une exploratrice, une conteuse, une âme sœur.

« Tu sais, Olivia », dit Mémère un soir, assise près d'un feu de camp crépitant sous un ciel étoilé, « Le plus beau dans un voyage, ce n'est pas seulement la découverte de nouveaux endroits.

Ce sont les rencontres et les souvenirs que l'on crée. Et c'est aussi découvrir des aspects de soi-même que l'on ignorait. »

Leur destination finale était Terre-Neuve, une île sauvage au charme unique. Ils ont exploré St. John's, la plus ancienne ville d'Amérique du Nord, et parcouru les sentiers le long de la côte escarpée.

Olivia était fascinée par les maisons colorées et la gentillesse des habitants, avec leur accent particulier.

Alors que leur incroyable aventure touchait à sa fin, un sentiment de gratitude et d'accomplissement les envahit.

De retour à la maison, en Nouvelle-Écosse, la Feuille d'Érable débordante de souvenirs, Olivia et Mémère s'assirent sur le porche, sirotant de la limonade.

« Quelle a été ta partie préférée du voyage, Mémère ? » demanda Olivia en balançant ses jambes.

Mémère Linda sourit. « La passer avec toi, ma chérie. Chaque instant. »

Olivia sourit, le cœur rempli. Elle savait que cette aventure, ce voyage incroyable à travers le Canada, n'était que le début.

Elles formaient une équipe, un duo d'exploratrices, prêtes à conquérir le monde. Et elle avait hâte de découvrir leur prochaine destination.

Chaque kilomètre parcouru était un souvenir gravé à jamais. Un lien éternel, plus fort que jamais.